学ぶ人は、
変えて
ゆく人だ。

目《め》の前《まえ》にある問題《もんだい》はもちろん、

人生《じんせい》の問《と》いや、社会《しゃかい》の課題《かだい》を自《みずか》ら見《み》つけ、

挑《いど》み続《つづ》けるために、人《ひと》は学《まな》ぶ。

「学《まな》び」で、少《すこ》しずつ世界《せかい》は変《か》えてゆける。

いつでも、どこでも、誰《だれ》でも、

学《まな》ぶことができる世《よ》の中《なか》へ。

旺文社《おうぶんしゃ》

本書の特長と使い方

◆本書が目指す「漢字検定（漢検）」とは、公益財団法人日本漢字能力検定協会が主催する「日本漢字能力検定」のことです。

◆本書は、7日間で漢字検定3級の試験対策をする書き込み式の直前対策ドリルです。

◆過去の検定試験で実際に出題された漢字を、独自にコンピューターで分析《ぶんせき》し、よくでる問題を収録しました。出題分野ごとに頻度《ひんど》を分析しましたので、効果的な学習が可能です。頻度の高い漢字は、さまざまな分野で繰り返し収録されています。

◆1～5日目の練習ドリルは、「読み」「同音・同訓異字」「漢字の識別」「熟語の構成」「部首」「対義語・類義語」「送りがな」「四字熟語」「誤字訂正」「書き取り」の出題分野別に構成しています。

◆6・7日目には、本番形式の予想問題を収録しています。学習の総仕上げなので、時間をきちんと計って取り組んでください。

◆実際に書き込みながら学習することで、確実な漢字の知識が身につきます。漢字の解答は、楷書《かいしょ》体で、はねるところ、とめるところなどを、はっきりと書くように気をつけましょう。

◆3級の合格基準は正答率70％程度です。本書では、各ページに合格点のめやすを表示しました。

もくじ

編集協力　株式会社友人社
校閲　株式会社東京出版サービスセンター
装丁・本文デザイン　前田由美子（有限会社アチワデザイン室）
装丁・本文イラスト　三木謙次

出題内容・出題範囲

内容／級	漢字の読み	筆順・画数	部首・部首名	熟語の構成	送り仮名	対義語・類義語	四字熟語	同音・同訓異字	誤字訂正	漢字の書取	対象漢字数	レベル	検定時間	検定料
3級	○		○	○	○	○	○	○	○	○	1623字（4級までの対象漢字1339字＋3級配当漢字284字） ※中学校で習う読みを含む　※高等学校で習う読みは含まない	中学校卒業程度	60分	3500円
4級	○		○	○	○	○	○	○	○	○	1339字（5級までの対象漢字1026字＋4級配当漢字313字） ※中学校で習う読みを含む　※高等学校で習う読みは含まない	中学校在学程度	60分	3500円
5級	○	○	○	○	○	○	○	○	○	○	1026字（6級までの対象漢字835字＋5級配当漢字191字） ※中学校で習う読みは含まない	小学校6年生修了程度	60分	3000円

※5級で「誤字訂正」も出題内容と発表されていますが、過去に出題された実績はありません。そのため、旺文社漢検書シリーズでは5級で「誤字訂正」を掲載しておりません。

●出題対象となる漢字

漢字検定では、それぞれの級に定められた出題範囲があります。それぞれの級で新たに出題対象となる漢字を配当漢字といい、当該級はそれ以下の級の配当漢字も出題範囲に含まれることが原則です。（上表参照）

●漢字検定3級の採点基準

◇採点の対象…筆画を正しく、明確に書かれた字を採点の対象とし、くずした字や乱雑に書かれた字は採点の対象外です。

◇字種・字体・読み…2～10級の解答は、内閣告示「常用漢字表」（平成22年）によります。旧字体での解答は不正解となります。

◇仮名遣い…内閣告示「現代仮名遣い」によります。

◇送り仮名…内閣告示「送り仮名の付け方」によります。

◇部首…『漢検要覧2～10級対応』（公益財団法人日本漢字能力検定協会発行）収録の「部首一覧表と部首別の常用漢字」によります。

◇筆順…筆順の原則は、文部省（現文部科学省）編『筆順指導の手びき』（昭和33年）によります。常用漢字ごとの筆順については、『漢検要覧2～10級対応』収録の「常用漢字の筆順一覧」によります。

◇合格基準…合格のめやすは、正答率70％程度です。２００点満点ですから、１４０点以上とれれば合格の可能性大です。

問い合わせ先
公益財団法人日本漢字能力検定協会
本　部　〒605-0074　京都府京都市東山区祇園町南側551番地
TEL 075-757-8600　FAX 075-532-1110
東京事務所　〒108-0023　東京都港区芝浦3丁目17-11　天翔田町ビル6階
URL　https://www.kanken.or.jp/

3級　配当漢字表（284字）

※漢字検定3級で、新たに出題の対象となる配当漢字284字を五十音順に一覧にしました。

ア	イ	エ	オ	カ	キ	ク	ケ	コ
哀	慰	詠悦閲炎宴	欧殴乙卸穏	佳架華嫁餓怪悔塊慨該概郭隔穫岳掛滑肝冠勘貫喚換敢緩	企忌軌既棋棄騎欺犠菊吉喫虐虚峡脅凝斤緊	愚偶遇	刑契啓掲携憩鶏鯨倹賢幻	孤弧雇顧娯悟孔巧甲坑拘郊控慌硬絞綱酵克獄恨紺魂墾

サ	シ	ス	セ	ソ	タ	チ	ツ
債催削搾錯撮擦暫	祉施諮侍慈軸疾湿赦邪殊寿潤遵如徐匠昇掌晶焦衝鐘冗嬢錠譲嘱辱伸辛審	炊粋衰酔遂穂随髄	瀬牲婿請斥隻惜籍摂潜繕	阻措粗礎双桑掃葬遭憎促賊	怠胎袋逮滞滝択卓託諾奪胆鍛壇	稚畜窒抽鋳駐彫超聴陳鎮	墜

テ	ト	ニ	ネ	ハ	ヒ	フ	ヘ	ホ	マ	ミ	メ	ユ	ヨ
帝訂締哲	斗塗凍陶痘匿篤豚	尿	粘	婆排陪縛伐帆伴畔藩蛮	卑碑泌姫漂苗	赴符封伏覆紛墳	癖	募慕簿芳邦奉胞倣崩飽縫乏妨房某膨謀墨没翻	魔埋膜又	魅	滅免	幽誘憂	揚揺擁抑

ラ	リ	レ	ロ	ワ
裸濫	吏隆了猟陵糧厘	励零霊裂廉錬	炉浪廊楼漏	湾

※2・3ページの情報は2024年8月現在のものです。内容は変更されることがありますので、詳しくは日本漢字能力検定協会にお問い合わせください。

1日目 練習ドリル

読み

◆次の——線の**漢字の**読みを**ひらがな**で記せ。

解答➡別冊P.2

合格点	得点
17/23	/23

□ 1 都会の生活に幻滅する。（　　）

□ 2 主要な国道を封鎖する。（　　）

□ 3 部長への昇進が決定した。（　　）

□ 4 会への参加を勧誘する。（　　）

□ 5 コンプレックスを克服する。（　　）

□ 6 湿潤な気候の地域に住む。（　　）

□ 7 図書館で地図を閲覧する。（　　）

□ 8 事業計画の概要を理解する。（　　）

□ 9 資源が豊富に埋蔵された土地。（　　）

□ 10 受賞を逃し悔恨の涙があふれる。（　　）

□ 11 次の試合に雪辱を期す。（　　）

□ 12 半年間家賃を滞納する。（　　）

□ 13 失態を陳謝する。（　　）

□ 14 小型船が島に漂着する。（　　）

□ 15 敵地に潜入する。（　　）

□ 16 花嫁の友人として祝辞を述べる。（　　）

□ 17 手足が凍えて指先が動かない。（　　）

□ 18 世界進出の企てをくじかれる。（　　）

□ 19 失敗してその場を繕う。（　　）

□ 20 粘りと根性が彼の長所である。（　　）

□ 21 事故の調査で現地に赴いた。（　　）

□ 22 打球は緩やかな曲線を描いた。（　　）

□ 23 口先で巧みに人を操る。（　　）

書き取り

◆次の——線のカタカナを漢字に直せ。

解答➡別冊 P.2

合格点	得点
17/23	/23

- □ 1 新しい電球に**コウカン**する。
- □ 2 彼のデザインは**ドクソウ**的だ。
- □ 3 常に背筋を伸ばした**シセイ**で歩く。
- □ 4 傷んだ屋根を**ホシュウ**する。
- □ 5 適切な**ショチ**を速やかに行う。
- □ 6 実力を**ハッキ**して勝ち残る。
- □ 7 **ゲンジュウ**に注意する。
- □ 8 みどりの日に**ショクジュ**する。
- □ 9 動物を**ゼツメツ**から保護する。
- □ 10 **ヨキン**が百万円になった。
- □ 11 技術の**スイジュン**が高い。
- □ 12 陸空で**コオウ**しながら救助する。
- □ 13 **ボケツ**を掘る。
- □ 14 **イナカ**の生活にあこがれる。
- □ 15 お茶の葉を**ム**らす。
- □ 16 当たりは十人に一人の**ワリアイ**だ。
- □ 17 悪事の**カタボウ**をかつぐ。
- □ 18 成長のあとが**イチジル**しい。
- □ 19 課で一番**フルカブ**の社員。
- □ 20 祭りに多くの若者が**ツド**う。
- □ 21 **カラ**い料理を食べて汗が出る。
- □ 22 責められて**イナオ**る。
- □ 23 どの問いも**ヤサ**しかった。

同音・同訓異字

◆次の――線のカタカナにあてはまる漢字をそれぞれのア～オから一つ選び、記号を記せ。

解答➡別冊 P.2

合格点	得点
15/21	/21

□ 1 事典の改**テイ**版を買う。（　）

□ 2 組織の**テイ**をなさない。（　）

□ 3 条約を**テイ**結する。（　）

（**ア** 締　**イ** 抵　**ウ** 帝　**エ** 訂　**オ** 体）

□ 4 論文から抜**スイ**する。（　）

□ 5 農業の**スイ**退を食い止める。（　）

□ 6 任務を**スイ**行する。（　）

（**ア** 粋　**イ** 垂　**ウ** 衰　**エ** 遂　**オ** 酔）

□ 7 長い**ロウ**下の先に部屋がある。（　）

□ 8 できるだけ**ロウ**費を慎む。（　）

□ 9 計画は砂上の**ロウ**閣と消えた。（　）

（**ア** 労　**イ** 浪　**ウ** 楼　**エ** 漏　**オ** 廊）

□ 10 政権が**ホウ**壊する。（　）

□ 11 バラの**ホウ**香をかぐ。（　）

□ 12 介護活動に**ホウ**仕する。（　）

（**ア** 奉　**イ** 飽　**ウ** 崩　**エ** 胞　**オ** 芳）

□ 13 **ボウ**大な資料を整理する。（　）

□ 14 首**ボウ**者はまだみつからない。（　）

□ 15 長年耐**ボウ**生活をしいられる。（　）

（**ア** 望　**イ** 膨　**ウ** 乏　**エ** 謀　**オ** 忙）

□ 16 山道で大きなクマに**ソウ**遇する。（　）

□ 17 砂浜を清**ソウ**する。（　）

□ 18 **ソウ**方の主張を聞く。（　）

（**ア** 騒　**イ** 双　**ウ** 遭　**エ** 装　**オ** 掃）

□ 19 夜空を**コ**がすぐらいの炎。（　）

□ 20 忘年会の趣向を**コ**らす。（　）

□ 21 我慢の限界を**コ**えるほどの寒さだ。（　）

（**ア** 凝　**イ** 超　**ウ** 肥　**エ** 焦　**オ** 込）

熟語の構成

◆**熟語の構成**のしかたには次のようなものがある。

解答➡別冊P.2

合格点	得点
19/26	/26

ア 同じような意味の漢字を重ねたもの……………（岩石）
イ 反対または対応の意味を表す字を重ねたもの………（高低）
ウ 上の字が下の字を修飾しているもの………………（洋画）
エ 下の字が上の字の目的語・補語になっているもの…（着席）
オ 上の字が下の字の意味を打ち消しているもの………（非常）

次の熟語は右の**ア～オ**のどれにあたるか、**一つ**選び、**記号**を記せ。

1 哀歓（　　）
2 愛憎（　　）
3 緩慢（　　）
4 虚実（　　）
5 賢愚（　　）
6 傍聴（　　）
7 吉凶（　　）
8 墜落（　　）
9 安穏（　　）
10 尊卑（　　）
11 屈伸（　　）
12 幼稚（　　）
13 捕鯨（　　）
14 撮影（　　）
15 暫定（　　）
16 炊飯（　　）
17 精粗（　　）
18 脅威（　　）
19 不吉（　　）
20 換言（　　）
21 佳境（　　）
22 娯楽（　　）
23 隠匿（　　）
24 金塊（　　）
25 排他（　　）
26 抑揚（　　）

対義語・類義語

◆後の□内のひらがなを漢字に直して（　）に入れ、**対義語・類義語**を作れ。□内のひらがなは一度だけ使い、（　）に**一字記入**せよ。

解答➡別冊P.3

合格点	得点
17/24	/24

対義語

□ 1 排他―（　）調

□ 2 丁重―粗（　）

□ 3 衰微―繁（　）

□ 4 孤立―（　）帯

□ 5 受容―排（　）

類義語

□ 6 監禁―幽（　）

□ 7 閉口―（　）惑

□ 8 独裁―（　）制

□ 9 官吏―（　）人

□ 10 卓越―抜（　）

えい・きょう・ぐん・こん・じょ・せん・へい・やく・りゃく・れん

対義語

□ 11 具体―抽（　）

□ 12 華美―質（　）

□ 13 遠隔―近（　）

□ 14 架空―実（　）

□ 15 穏健―（　）激

□ 16 率先―（　）随

□ 17 釈放―拘（　）

類義語

□ 18 憂慮―心（　）

□ 19 熱中―没（　）

□ 20 平定―鎮（　）

□ 21 解雇―免（　）

□ 22 正邪―是（　）

□ 23 苦難―辛（　）

□ 24 形見―（　）品

あつ・い・か・ざい・さん・しょう・しょく・せつ・そ・そく・つい・とう・ぱい・ひ

四字熟語

◆文中の**四字熟語**の——線の**カタカナを漢字に直し、二字記入せよ。**

解答➡別冊P.3

合格点	得点
17/23	/23

□ 1 せっかくの忠告も**馬耳トウフウ**だ。（　　）

□ 2 味方の勝利に**ハガン一笑**する。（　　）

□ 3 **シュウジン環視**のなかで議論する。（　　）

□ 4 **清廉ケッパク**な政治家でありたい。（　　）

□ 5 長い間待っていた**コウキ到来**だ。（　　）

□ 6 事件の**一部シジュウ**を話す。（　　）

□ 7 社にとって**危急ソンボウ**のときだ。（　　）

□ 8 彼女は**メイロウ快活**な性格だ。（　　）

□ 9 **シンシュツ鬼没**の活躍をする英雄。（　　）

□ 10 **温故チシン**の気持ちを大切にする。（　　）

□ 11 **ヨウイ周到**で客を迎える。（　　）

□ 12 彼の友人は**サイショク兼備**だ。（　　）

□ 13 私に勝とうとは**笑止センバン**だ。（　　）

□ 14 どの見解も**大同ショウイ**だった。（　　）

□ 15 うまくいかず**ジボウ自棄**になる。（　　）

□ 16 多くの中から**シュシャ選択**する。（　　）

□ 17 **因果オウホウ**は仏教の考え方だ。（　　）

□ 18 ミスをして**平身テイトウ**する。（　　）

□ 19 科学は**日進ゲッポ**である。（　　）

□ 20 **一挙リョウトク**をねらう計画だ。（　　）

□ 21 そんな事をするとは**言語ドウダン**だ。（　　）

□ 22 あまりにも**フクザツ怪奇**な出来事だ。（　　）

□ 23 ついに受賞できて**感慨ムリョウ**だ。（　　）

2日目 練習ドリル

読み

◆次の――線の漢字の読みをひらがなで記せ。

解答➡別冊P.4

合格点	得点
17/23	/23

□ 1 他の追随を許さない記録だ。（　　）

□ 2 虚勢を張って大声を出す。（　　）

□ 3 円高を抑制する。（　　）

□ 4 美しい絵画に詠嘆する。（　　）

□ 5 遺漏のないよう気をつける。（　　）

□ 6 学校の規則で廊下は走らない。（　　）

□ 7 彼は卓抜したセンスの持ち主だ。（　　）

□ 8 人工衛星の軌道を修正する。（　　）

□ 9 輸入した物資を隠匿する。（　　）

□ 10 歌声で世界中の人を魅了する。（　　）

□ 11 険阻な登山路を歩く。（　　）

□ 12 会社の内紛で業績を落とす。（　　）

□ 13 筆記試験を免除される。（　　）

□ 14 相手の気持ちを邪推する。（　　）

□ 15 話の焦点を一つに絞る。（　　）

□ 16 水を飲んでのどに潤いを与える。（　　）

□ 17 認識の隔たりが大きい。（　　）

□ 18 白旗を掲げて投降する。（　　）

□ 19 名演奏に気持ちが奪われる。（　　）

□ 20 想像が次第に膨らんでくる。（　　）

□ 21 恩人の死を悔やむ。（　　）

□ 22 恨まれるような覚えはない。（　　）

□ 23 滅びた文明の古跡を見る。（　　）

書き取り

◆次の――線のカタカナを漢字に直せ。

解答➡別冊 P.4

合格点	得点
17/23	/23

□ 1 テーブルを囲んで**ダンショウ**する。（　　）

□ 2 **オウベイ**への留学を希望する。（　　）

□ 3 **チョウシュウ**から拍手を受ける。（　　）

□ 4 美しい**モヨウ**の布地。（　　）

□ 5 諸国を**レキホウ**して帰朝する。（　　）

□ 6 他校とスポーツで**シンゼン**を図る。（　　）

□ 7 会の最後は**シツギ**応答とする。（　　）

□ 8 ガスを**キョウキュウ**する。（　　）

□ 9 まだ話し合う**ヨチ**がある。（　　）

□ 10 **コウフン**してなかなか眠れない。（　　）

□ 11 **アンイ**に考えて痛い目にあう。（　　）

□ 12 ネコはネズミの**テンテキ**だ。（　　）

□ 13 先生が生徒を**インソツ**する。（　　）

□ 14 味に**テイヒョウ**がある店。（　　）

□ 15 **テブクロ**をして雪かきをする。（　　）

□ 16 君に非難される**スジア**いはない。（　　）

□ 17 **イタ**るところに桜が咲いている。（　　）

□ 18 チームの入団会見に**ノゾ**んだ。（　　）

□ 19 仕事が決まり**セビロ**を新調する。（　　）

□ 20 損失を借り入れ金で**オギナ**う。（　　）

□ 21 二人のけんかに**ワ**って入る。（　　）

□ 22 期間中の**ノ**べ参加人数を調べる。（　　）

□ 23 その魚は国内では**キワ**めて珍しい。（　　）

漢字の識別

◆三つの□に**共通する漢字**を入れて熟語を作れ。漢字は下の□から**一つ**選び、**記号**を記せ。

合格点	得点
14/20	/20

□ 1 円□・□走・□車（　　）
□ 2 抱□・□立・□護（　　）
□ 3 □採・討□・間□（　　）
□ 4 □像・配□者・□発（　　）
□ 5 □歓・□願・悲□（　　）

ア 論　イ 伐　ウ 満　エ 滑　オ 請
カ 哀　キ 擁　ク 銅　ケ 偶　コ 負

□ 6 切□・□号・音□（　　）
□ 7 □価・清□・破□恥（　　）
□ 8 □玄・□閉・□霊（　　）
□ 9 自□・消□・点□（　　）
□ 10 □権・放□・遺□（　　）

ア 廉　イ 軽　ウ 棄　エ 株　オ 幽
カ 開　キ 債　ク 滅　ケ 符　コ 実

□ 11 平□・□当・□健（　　）
□ 12 □出・□除・□斥（　　）
□ 13 受□・□否・許□（　　）
□ 14 遠□・□離・横□膜（　　）
□ 15 野□・□勇・□声（　　）

ア 穏　イ 免　ウ 望　エ 諾　オ 蛮
カ 領　キ 排　ク 既　ケ 征　コ 隔

□ 16 沈□・□入・□在（　　）
□ 17 常□・□在・□車（　　）
□ 18 □弱・盛□・□微（　　）
□ 19 陰□・□気・□原（　　）
□ 20 □慮・□客・愛□（　　）

ア 熟　イ 潜　ウ 湿　エ 視　オ 識
カ 衰　キ 虚　ク 顧　ケ 静　コ 駐

部首

◆次の漢字の**部首**を**ア～エ**から**一つ**選び、**記号**を記せ。

解答➡別冊P.4

合格点 14/19　得点 /19

□1 匠（ア 一　イ 匚　ウ ノ　エ 斤）（　）

□2 墨（ア 里　イ 灬　ウ 黒　エ 土）（　）

□3 殴（ア 匚　イ 几　ウ 又　エ 殳）（　）

□4 疾（ア 亠　イ 广　ウ 疒　エ 矢）（　）

□5 翻（ア 釆　イ 米　ウ 田　エ 羽）（　）

□6 葬（ア 艹　イ 歹　ウ 匕　エ 廾）（　）

□7 衝（ア 彳　イ 十　ウ 里　エ 行）（　）

□8 超（ア 土　イ 走　ウ 刀　エ 口）（　）

□9 衰（ア 亠　イ 口　ウ 一　エ 衣）（　）

□10 冠（ア 冖　イ 二　ウ 儿　エ 寸）（　）

□11 卸（ア ノ　イ 二　ウ 止　エ 卩）（　）

□12 奪（ア 大　イ 隹　ウ 一　エ 寸）（　）

□13 房（ア 一　イ 尸　ウ 戸　エ 方）（　）

□14 掌（ア ⺌　イ 冖　ウ 口　エ 手）（　）

□15 昇（ア 日　イ ノ　ウ 一　エ 廾）（　）

□16 痘（ア 亠　イ 广　ウ 疒　エ 豆）（　）

□17 蛮（ア 亠　イ 八　ウ 口　エ 虫）（　）

□18 克（ア 一　イ 十　ウ 口　エ 儿）（　）

□19 卑（ア ノ　イ 白　ウ 田　エ 十）（　）

送りがな

◆次の――線のカタカナを**漢字一字と送りがな（ひらがな）**に直せ。

解答➡
別冊 P.5

合格点	得点
17/23	/23

□ 1 儀式は**オゴソカニ**行われた。（　　）

□ 2 人に無理を**シイル**のはやめよう。（　　）

□ 3 ごみに出す雑誌を**ユワエル**。（　　）

□ 4 呼ばれて**ホガラカナ**声で答える。（　　）

□ 5 畑を**タガヤシ**て種をまく。（　　）

□ 6 兄の意見に**サカラウ**。（　　）

□ 7 受けた恩に**ムクイル**。（　　）

□ 8 本当の話かどうか**ウタガワシイ**。（　　）

□ 9 **スミヤカニ**校庭にお集まり下さい。（　　）

□ 10 **タダチニ**消防車の出動を要請する。（　　）

□ 11 観光地として**サカエル**。（　　）

□ 12 新しく**アキナイ**を始める。（　　）

□ 13 年齢の制限を**モウケル**。（　　）

□ 14 秘伝の味を**タヤサ**ず受け継ぐ。（　　）

□ 15 母の願いを**ココロヨク**聞く。（　　）

□ 16 異を**トナエル**ことをためらう。（　　）

□ 17 歌には**マッタク**自信がない。（　　）

□ 18 ライバルを**シリゾケ**勝ち上がる。（　　）

□ 19 氷水を頭から**アビル**。（　　）

□ 20 都心の大通りに店を**カマエル**。（　　）

□ 21 答えをもう一回**タシカメル**。（　　）

□ 22 大皿に盛られた桃を**タイラゲル**。（　　）

□ 23 足の痛みで完走が**アヤブマ**れる。（　　）

誤字訂正

◆次の各文にまちがって使われている**同じ読みの漢字**が**一字**ある。**上の（　）に誤字**を、**下の［　］に正しい漢字**を記せ。

解答➡別冊P.5

合格点	得点
10/14	/14

2日目

□ 1 健康な体を維持するために、持続できる範囲でゆっくりと生活習慣を改全する。（　）［　］

□ 2 慢性化した財政危機を救うために一時的な措置として国債を発行する。（　）［　］

□ 3 紙の再利用や大幅な節電などを行って経費の削源を実現する。（　）［　］

□ 4 放射能による環境汚洗の問題は、解決までに長い時間がかかる。（　）［　］

□ 5 子供に対する逆待の防止や早期発見には、周囲の人による見守りが必要だ。（　）［　］

□ 6 有名な武将の愛用品や戦場で身につけた刀などが城の中に典示されている。（　）［　］

□ 7 若年層の就職難の緩和に向け、国は企業に対して取り組みの促伸を図る。（　）［　］

□ 8 温暖化の影響による気温上昇の問題は辛刻で、早急な対策が望まれる。（　）［　］

□ 9 剣道部の先生の熱血指導による効価で県大会において念願がかない優勝した。（　）［　］

□ 10 父は飽富な人脈と知識を生かして会社を辞めた後も元気に働いている。（　）［　］

□ 11 娘を連れて故郷の川で泳いだことは、今も貴調な思い出として記憶に残る。（　）［　］

□ 12 数十年続いた民俗間対立の結果、人心は乱れ、国の大部分は荒れ果てた。（　）［　］

□ 13 大勢の市民が被災地の仕援に駆け付けて清掃活動に尽力した。（　）［　］

□ 14 無名選手が大リーグの名門チームで一軍に昇各したと伝えられた。（　）［　］

3日目 練習ドリル

読み

◆次の——線の漢字の読みをひらがなで記せ。

解答➡別冊 P.6

合格点	得点
17/23	/23

□ 1 町に工場を誘致する。（　　）

□ 2 感じたことを文章に凝縮して表す。（　　）

□ 3 試合に勝った選手を慰労する。（　　）

□ 4 民衆の哀歓を描いた小説。（　　）

□ 5 この条件だけは譲歩できない。（　　）

□ 6 抑揚のない話し方をする。（　　）

□ 7 足の傷口に薬を塗布する。（　　）

□ 8 間隔を空けて商品を並べる。（　　）

□ 9 制限時間まで折衝を続ける。（　　）

□ 10 この度のご成功恐悦に存じます。（　　）

□ 11 高熱のせいで動作が緩慢になる。（　　）

□ 12 弾丸が腹部を貫通する。（　　）

□ 13 精巧なからくり人形。（　　）

□ 14 大豆を発酵させてみそを作る。（　　）

□ 15 祖父は危篤の状態が続いている。（　　）

□ 16 多忙でも朝の体操は怠らない。（　　）

□ 17 毎日を穏やかに暮らす。（　　）

□ 18 忙しくてアルバイトを雇う。（　　）

□ 19 全国から参加者を募る。（　　）

□ 20 どこかに逃亡犯が潜んでいる。（　　）

□ 21 郵便物が滞って配達されない。（　　）

□ 22 大きな余震が救出活動を妨げた。（　　）

□ 23 欠員の穴埋めに苦労する。（　　）

書き取り

◆次の——線の**カタカナ**を**漢字**に直せ。

解答➡別冊P.6

合格点	得点
17/23	/23

- □ 1 人としての**ソンゲン**を保つ。（　　）
- □ 2 家族全員で**ショクタク**を囲む。（　　）
- □ 3 下味をつけて**レイトウ**保存する。（　　）
- □ 4 五万人を**シュウヨウ**できる競技場。（　　）
- □ 5 電車が**ケイテキ**を鳴らす。（　　）
- □ 6 **ゲキテキ**な幕切れとなった。（　　）
- □ 7 城を**ホウイ**して攻め込む。（　　）
- □ 8 **ケイカイ**な足取りで歩く。（　　）
- □ 9 父の上着を**ハイシャク**した。（　　）
- □ 10 **ルイジ**品が多くて選択に迷う。（　　）
- □ 11 バザーに出す品を**テイキョウ**する。（　　）
- □ 12 松の**ジュヒ**から成分を抽出する。（　　）
- □ 13 隣人に対して**ギネン**を抱く。（　　）
- □ 14 雪で工事に**シショウ**をきたす。（　　）
- □ 15 口は悪いが**ニク**めない人だ。（　　）
- □ 16 一人を相手に**タバ**になって掛かる。（　　）
- □ 17 親の言いつけに**ソム**く。（　　）
- □ 18 アリバイを**ウラヅ**ける証言。（　　）
- □ 19 病気もしないで**スコ**やかに育つ。（　　）
- □ 20 毎日**ホネミ**を惜しまず働く。（　　）
- □ 21 部下に仕事を**マカ**せる。（　　）
- □ 22 美容院で髪を**ユ**う。（　　）
- □ 23 早急な解決策を**ネ**る。（　　）

同音・同訓異字

◆次の――線の**カタカナ**にあてはまる漢字をそれぞれの**ア～オ**から**一つ**選び、**記号**を記せ。

解答➡別冊P.6

合格点	得点
15/21	/21

□ 1 毎月の電気代を**ケン**約する。（　　）

□ 2 最も**ケン**明な方法を選ぶ。（　　）

□ 3 晴雨で**ケン**用できるかさを買う。（　　）

（**ア** 兼　**イ** 賢　**ウ** 遣　**エ** 堅　**オ** 倹）

□ 4 豪**カ**な客船でパーティーを開く。（　　）

□ 5 台風で**カ**線が切れる。（　　）

□ 6 展覧会に出した絵が**カ**作に入る。（　　）

（**ア** 華　**イ** 架　**ウ** 荷　**エ** 佳　**オ** 仮）

□ 7 いらない書類を破**キ**する。（　　）

□ 8 成功までの**キ**跡をたどる。（　　）

□ 9 **キ**引きの届けを出す。（　　）

（**ア** 既　**イ** 企　**ウ** 軌　**エ** 棄　**オ** 忌）

□ 10 苦戦の時こそ果**カン**に攻める。（　　）

□ 11 経過を**カン**案して判断する。（　　）

□ 12 何事にも努力が**カン**要だ。（　　）

（**ア** 勘　**イ** 肝　**ウ** 敢　**エ** 貫　**オ** 冠）

□ 13 市長は思い切った**ソ**置をとった。（　　）

□ 14 文明の発達を**ソ**害する要因。（　　）

□ 15 **ソ**末な衣装に着替える。（　　）

（**ア** 粗　**イ** 措　**ウ** 礎　**エ** 阻　**オ** 訴）

□ 16 読者を**ケイ**発する記事を書く。（　　）

□ 17 新聞の投稿欄に**ケイ**載される。（　　）

□ 18 **ケイ**法に触れる犯罪行為。（　　）

（**ア** 契　**イ** 掲　**ウ** 刑　**エ** 携　**オ** 啓）

□ 19 職人が仕事に使う道具を**ト**ぐ。（　　）

□ 20 中国経済は大幅な成長を**ト**げた。（　　）

□ 21 ビデオで子どもの運動会を**ト**る。（　　）

（**ア** 遂　**イ** 研　**ウ** 採　**エ** 撮　**オ** 溶）

熟語の構成

◆**熟語の構成**のしかたには次のようなものがある。

解答➡別冊 P.6

合格点	得点
19/26	/26

ア 同じような意味の漢字を重ねたもの……（岩石）
イ 反対または対応の意味を表す字を重ねたもの……（高低）
ウ 上の字が下の字を修飾しているもの……（洋画）
エ 下の字が上の字の目的語・補語になっているもの……（着席）
オ 上の字が下の字の意味を打ち消しているもの……（非常）

次の熟語は右の**ア～オ**のどれにあたるか、**一つ**選び、**記号**を記せ。

□ 1 犠牲（　）
□ 2 欠乏（　）
□ 3 出没（　）
□ 4 検尿（　）
□ 5 締結（　）
□ 6 正邪（　）
□ 7 超越（　）
□ 8 乾湿（　）
□ 9 出納（　）
□ 10 鎮痛（　）
□ 11 濫用（　）
□ 12 悦楽（　）
□ 13 慰霊（　）
□ 14 昇降（　）
□ 15 未了（　）
□ 16 栄辱（　）
□ 17 棄権（　）
□ 18 遭難（　）
□ 19 滅亡（　）
□ 20 孤独（　）
□ 21 疾走（　）
□ 22 盛衰（　）
□ 23 起伏（　）
□ 24 譲位（　）
□ 25 選択（　）
□ 26 鼻孔（　）

対義語・類義語

◆後の□内のひらがなを漢字に直して（　）に入れ、**対義語・類義語**を作れ。□内のひらがなは一度だけ使い、（　）に**一字記入**せよ。

解答➡別冊 P.7

合格点	得点
17/24	/24

対義語

□ 1 保守―（　）新

□ 2 修繕―破（　）

□ 3 故意―（　）失

□ 4 精密―粗（　）

□ 5 分裂―（　）一

類義語

□ 6 排斥―（　）放

□ 7 嘱望―（　）待

□ 8 外見―体（　）

□ 9 了解―納（　）

□ 10 計算―勘（　）

か・かく・き・さい・ざつ・じょう・そん・つい・とう・とく

対義語

□ 11 抑制―促（　）

□ 12 鎮静―興（　）

□ 13 安定―動（　）

□ 14 怠慢―勤（　）

□ 15 強情―従（　）

□ 16 倹約―浪（　）

□ 17 繁栄―没（　）

類義語

□ 18 憂慮―心（　）

□ 19 展示―陳（　）

□ 20 該当―（　）合

□ 21 重荷―負（　）

□ 22 賢明―（　）口

□ 23 案内―誘（　）

□ 24 吉報―（　）報

じゅん・しん・たん・てき・どう・ぱい・ひ・ふん・べん・よう・らく・り・れつ・ろう

四字熟語

◆文中の**四字熟語**の――線の**カタカナ**を**漢字**に直し、**二字記入**せよ。

解答➡別冊 P.7

合格点	得点
17/23	/23

□ 1 事態は**キュウテン直下**で決着した。（　　）

□ 2 **ビジ麗句**を並べ立てられた。（　　）

□ 3 寺院の**故事ライレキ**を調べる。（　　）

□ 4 **シュウシ一貫**黙したままだ。（　　）

□ 5 **ソウイ工夫**が足りない。（　　）

□ 6 **博学タサイ**の研究者に話を聞く。（　　）

□ 7 **利害トクシツ**を考えて行動する。（　　）

□ 8 **無我ムチュウ**で働く。（　　）

□ 9 皆が**千差バンベツ**の考えを有する。（　　）

□ 10 まさに**孤城ラクジツ**の感がある。（　　）

□ 11 **メンモク躍如**の働きをする。（　　）

□ 12 一切の悩みが**ウンサン霧消**する。（　　）

□ 13 **キヨウ貧乏**のためか大成できない。（　　）

□ 14 集めた物品は**ギョクセキ混交**だ。（　　）

□ 15 師が**ソッセン垂範**してみせる。（　　）

□ 16 例年になく**天変チイ**がよく起こる。（　　）

□ 17 実業家として**リッシン出世**する。（　　）

□ 18 **晴耕ウドク**の老後を送る。（　　）

□ 19 **起死カイセイ**の一手を打つ。（　　）

□ 20 **明鏡シスイ**の心境にはなれない。（　　）

□ 21 **リュウゲン飛語**に惑わされる。（　　）

□ 22 酒のせいで**前後フカク**になった。（　　）

□ 23 **ココン東西**で聞いたこともない。（　　）

4日目 練習ドリル

読み

◆次の——線の漢字の読みをひらがなで記せ。

解答➡別冊 P.8

合格点	得点
17/23	/23

□ 1 役員として処遇する。（　）

□ 2 百パーセント純粋な水。（　）

□ 3 古墳を調査して年代を考える。（　）

□ 4 国会で暫定予算が可決された。（　）

□ 5 大会に出る選手を激励する。（　）

□ 6 地方への赴任を命じられる。（　）

□ 7 不要な書類を破棄する。（　）

□ 8 画家が精魂を込めて作った作品。（　）

□ 9 新製品の販売を促進する。（　）

□ 10 困っている人の立場を顧慮する。（　）

□ 11 職務の怠慢で責められる。（　）

□ 12 別れてから随分年月がたった。（　）

□ 13 校長は穏便な処置をしてくれた。（　）

□ 14 金銭には潔癖な人だ。（　）

□ 15 大手の企業が優良とは限らない。（　）

□ 16 インテリアに凝った部屋。（　）

□ 17 脅されて仕方なく協力した。（　）

□ 18 電車の中で席を譲った。（　）

□ 19 湿ったタオルで額を冷やす。（　）

□ 20 黙っていた秘密が漏れる。（　）

□ 21 雪が降って道路が滑りやすい。（　）

□ 22 気の毒で慰めようがない。（　）

□ 23 山頂で日が昇るのを待った。（　）

書き取り

◆次の——線の**カタカナ**を**漢字**に直せ。

解答➡別冊P.8

合格点	得点
17/23	/23

□ 1 名人としての**メンボク**を保つ。

□ 2 道端で**グウゼン**同級生に会う。

□ 3 姉が近々**ニュウセキ**する予定だ。

□ 4 駅の**モケイ**を組み立てる。

□ 5 体力不足を**ツウセツ**に感じた。

□ 6 **リンジョウ**感あふれる3D映像。

□ 7 降雨量の**スイイ**を見守る。

□ 8 少子化問題について**トウロン**する。

□ 9 水が**ジョウハツ**してしまった。

□ 10 自転車で日本**ジュウダン**を果たす。

□ 11 車が**コショウ**して困っている。

□ 12 好きな詩を**ロウドク**する。

□ 13 投票は**ゲンセイ**に行われた。

□ 14 工事期間の**タンシュク**を図る。

□ 15 夜の墓場で**キモ**試しをする。

□ 16 実力の**ホド**はわからない。

□ 17 墓に花を**ソナ**える。

□ 18 スポンサーに**ヒラアヤマ**りする。

□ 19 **カタコト**の英語しか話せない。

□ 20 生徒会を**ヒキ**いているのは彼だ。

□ 21 **コキザ**みに点を入れる。

□ 22 気品がありすぎて**チカヨ**りがたい。

□ 23 夢と現実の**サカイ**でさまよう。

同音・同訓異字

◆次の――線の**カタカナ**にあてはまる漢字をそれぞれの**ア〜オ**から**一つ**選び、**記号**を記せ。

解答➡別冊P.8

合格点	得点
15/21	/21

□ 1 森を抜けると丘**リョウ**が広がる。（　　）
□ 2 すべての人を魅**リョウ**する歌声。（　　）
□ 3 昔は狩**リョウ**で生活していた。（　　）
（**ア** 陵　**イ** 猟　**ウ** 糧　**エ** 療　**オ** 了）

□ 4 天気の**ガイ**況を知らせる。（　　）
□ 5 娘の花嫁姿を見て感**ガイ**深い。（　　）
□ 6 **ガイ**頭でビラを配る。（　　）
（**ア** 慨　**イ** 該　**ウ** 外　**エ** 概　**オ** 街）

□ 7 三日間現地に**タイ**在する。（　　）
□ 8 新しい世紀の**タイ**動を感じる。（　　）
□ 9 逃亡していた凶悪犯が**タイ**捕された。（　　）
（**ア** 逮　**イ** 怠　**ウ** 胎　**エ** 滞　**オ** 耐）

□ 10 顔の輪**カク**を描く。（　　）
□ 11 前の人と間**カク**を空けて並ぶ。（　　）
□ 12 実った稲を収**カク**する。（　　）
（**ア** 穫　**イ** 隔　**ウ** 郭　**エ** 較　**オ** 格）

□ 13 奥まった部屋に**ユウ**閉される。（　　）
□ 14 深刻な事態を**ユウ**慮する。（　　）
□ 15 駐車場に車を**ユウ**導する。（　　）
（**ア** 誘　**イ** 幽　**ウ** 有　**エ** 雄　**オ** 憂）

□ 16 金貨を**チュウ**造する。（　　）
□ 17 狭くて**チュウ**車する所がない。（　　）
□ 18 **チュウ**象的な話でわかりにくい。（　　）
（**ア** 抽　**イ** 注　**ウ** 駐　**エ** 鋳　**オ** 宙）

□ 19 テレビゲームにも**ア**きた。（　　）
□ 20 天ぷらが**ア**がっている。（　　）
□ 21 帰る途中でにわか雨に**ア**った。（　　）
（**ア** 遭　**イ** 飽　**ウ** 浴　**エ** 挙　**オ** 揚）

漢字の識別

◆三つの□に**共通する漢字**を入れて熟語を作れ。漢字は下の□から**一つ**選び、**記号**を記せ。

解答➡別冊P.8

合格点	得点
14/20	/20

□ 1　内□・□争・□失　（　　）

□ 2　交□・□誤・□覚　（　　）

□ 3　□略・陰□・共□　（　　）

□ 4　強□・□直・□貨　（　　）

□ 5　□魔・風□・□道　（　　）

ア作　**イ**露　**ウ**邪　**エ**錯　**オ**謀
カ側　**キ**紛　**ク**易　**ケ**硬　**コ**豪

□ 6　□走・□風・□駆　（　　）

□ 7　□衆・傍□・□講　（　　）

□ 8　□念・□略・大□　（　　）

□ 9　□土・□膜・□液　（　　）

□ 10　□闘・勇□・□行　（　　）

ア概　**イ**疾　**ウ**膨　**エ**逃　**オ**凍
カ聴　**キ**奮　**ク**敢　**ケ**壊　**コ**粘

□ 11　工□・文□具・暖□　（　　）

□ 12　□書・□印・密□　（　　）

□ 13　□影・□滅・夢□　（　　）

□ 14　□没・□葬・□蔵　（　　）

□ 15　添□・□減・掘□　（　　）

ア詰　**イ**業　**ウ**幻　**エ**封　**オ**埋
カ沈　**キ**削　**ク**遇　**ケ**加　**コ**房

□ 16　潜□・□兵・□線　（　　）

□ 17　亡□・□妙・□峰　（　　）

□ 18　□許・□除・□税　（　　）

□ 19　変□・互□性・□算　（　　）

□ 20　□列・□情・□述　（　　）

ア陳　**イ**免　**ウ**霊　**エ**滅　**オ**更
カ換　**キ**認　**ク**伏　**ケ**在　**コ**隊

対義語・類義語 四

◆後の□内のひらがなを漢字に直して（　）に入れ、対義語・類義語を作れ。□内のひらがなは一度だけ使い、（　）に一字記入せよ。

解答➡別冊 P.9

合格点	得点
17/24	/24

対義語

□1 違反―遵（　）

□2 冗漫―（　）潔

□3 緩慢―敏（　）

□4 一般―（　）殊

□5 歓喜―（　）哀

類義語

□6 魂胆―意（　）

□7 没頭―（　）念

□8 辛抱―（　）慢

□9 決心―（　）悟

□10 重体―（　）篤

が・かく・かん・き・しゅ・せん・そく・と・とく・ひ

対義語

□11 邪悪―（　）良

□12 侵害―擁（　）

□13 妨害―（　）力

□14 郊外―（　）心

□15 師匠―（　）子

□16 拘束―釈（　）

□17 賢明―（　）愚

類義語

□18 借金―（　）債

□19 華美―（　）手

□20 傍観―座（　）

□21 容赦―勘（　）

□22 欠乏―不（　）

□23 辛酸―困（　）

□24 期待―嘱（　）

あん・きょう・く・ご・し・ぜん・そく・で・と・は・ふ・べん・ほう・ぼう

誤字訂正

◆次の各文にまちがって使われている**同じ読みの漢字**が**一字**ある。**上の（　）**に**誤字**を、**下の［　］に正しい漢字**を記せ。

解答➡別冊P.9

合格点	得点
10/14	/14

□ 1 森林のむやみな伐裁をやめて地球環境の維持と保全に尽力しよう。（　　）［　　］

□ 2 社会が抱える多くの問題の解決には今の体制に契鐘を鳴らす必要がある。（　　）［　　］

□ 3 仕設の管理者から、緊急時の避難経路について説明を受ける。（　　）［　　］

□ 4 資源を功率的に活用する方法を考えて、省エネルギーを推進する。（　　）［　　］

□ 5 破損した重要文化財の舗修には長年従事している専門の技術者があたる。（　　）［　　］

□ 6 店の改創に予定より費用が掛かり準備金では足りず銀行からも借り入れた。（　　）［　　］

□ 7 物理学の先駆として多大な業積を残した博士を慕って若い研究者が集まる。（　　）［　　］

□ 8 飛躍的な生産力向上と合理化のために世界でも少数の最新機器を働入する。（　　）［　　］

□ 9 絵に描いたような美しく広大な自然の景色は観光客の保容になる。（　　）［　　］

□ 10 休日に病気になった時の緊求連絡先と電話番号を病院に登録しておく。（　　）［　　］

□ 11 適切な対応と早めの手当てで効果があり、病気は間もなく完置した。（　　）［　　］

□ 12 担当者によって標価の基準が異なる筆記試験だったので批判する意見が出た。（　　）［　　］

□ 13 だれでも気軽に入って来られるように門を解放しておく方針の学校だった。（　　）［　　］

□ 14 河口の工事が本確的に始まったのは昨年の夏だと記憶している。（　　）［　　］

5日目 練習ドリル

書き取り

◆次の――線のカタカナを漢字に直せ。

解答➡別冊P.10

合格点	得点
35/49	/49

□ 1 教科書を**ロウドク**する。（　　）

□ 2 師の教えを**ネントウ**に置く。（　　）

□ 3 日本の夏は**シツド**が高い。（　　）

□ 4 暖房の**セツビ**が整っている。（　　）

□ 5 幽霊が**シュツボツ**するという城。（　　）

□ 6 運転**メンキョ**を更新する。（　　）

□ 7 **ヨウチ**園まで迎えに行く。（　　）

□ 8 無冠の**テイオウ**と呼ばれる。（　　）

□ 9 新しいクラスに**ジュンノウ**する。（　　）

□ 10 多くの体験で**ドキョウ**がついた。（　　）

□ 11 色彩の**タイショウ**が鮮やかだ。（　　）

□ 12 好況に**ビンジョウ**して店を出す。（　　）

□ 13 浅はかな行動を**ヒハン**する。（　　）

□ 14 新しい車は広くて**カイテキ**だ。（　　）

□ 15 事故で多くの人が**フショウ**した。（　　）

□ 16 この**エンセン**のアパートを借りる。（　　）

□ 17 記者が**ホウドウ**の原点に立ち返る。（　　）

□ 18 **ゲンセン**された素材を使う。（　　）

□ 19 だれも知らない**ミツヤク**があった。（　　）

□ 20 親の**イサン**を相続する。（　　）

□ 21 母から**コヅツミ**が届いた。（　　）

□ 22 手続きの**カンリャク**化を図る。（　　）

□ 23 彼の実行力には**ケイフク**する。（　　）

□ 24 ペーパーナイフで**カイフウ**する。（　　）

□ 25 風船にとげが当たって**ハレツ**した。（　　）

□ 26 夏なので**ケイソウ**で参加した。（　　）

□ 27 **カンシュウ**に従って祝う。（　　）

□ 28 国王の**ホウモン**を楽しみに待つ。（　　）

□ 29 議案の採否を**ケントウ**する。（　　）

□ 30 運動会は雨天**ジュンエン**となる。（　　）

□ 31 送別会が**セイダイ**に行われた。（　　）

□ 32 **ユウヤ**けが山を赤く染める。（　　）

□ 33 結果発表まで**アマ**すところ三日。（　　）

□ 34 海に**モグ**って魚を捕まえる。（　　）

□ 35 命令に従い**スミ**やかに避難する。（　　）

□ 36 うり二つだが他人の**ソラニ**だ。（　　）

□ 37 優勝候補に**オ**しくも負ける。（　　）

□ 38 友人の**オ**い立ちを尋ねる。（　　）

□ 39 エジプト文明の**ミナモト**をたどる。（　　）

□ 40 雨不足で完全に**ヒア**がった田。（　　）

□ 41 背筋を**ノ**ばしてあいさつをする。（　　）

□ 42 **トリイ**は神社の内と外を分ける。（　　）

□ 43 お湯で洗ったら**チヂ**んでしまった。（　　）

□ 44 **ト**ぎ澄まされた感性の持ち主。（　　）

□ 45 武士の**ナサ**けで今回は許す。（　　）

□ 46 前後の**ミサカイ**のない行動をした。（　　）

□ 47 まだ完成には**ホドトオ**い。（　　）

□ 48 毎朝神だなを**オガ**む。（　　）

□ 49 父は新会社の大**カブヌシ**だ。（　　）

同音・同訓異字

◆次の――線の**カタカナ**にあてはまる漢字をそれぞれの**ア～オ**から**一つ**選び、**記号**を記せ。

解答➡別冊P.10

合格点 15/21　得点 /21

□ 1 美しい演奏に聴衆は**トウ**酔した。（　）
□ 2 橋の上は**トウ**結して滑りやすい。（　）
□ 3 天然**トウ**は根絶された。（　）
（**ア** 痘　**イ** 透　**ウ** 陶　**エ** 納　**オ** 凍）

□ 4 犯人の身柄を**コウ**束する。（　）
□ 5 **コウ**妙な手口にだまされたそうだ。（　）
□ 6 遺体は既に**コウ**直していた。（　）
（**ア** 巧　**イ** 郊　**ウ** 硬　**エ** 甲　**オ** 拘）

□ 7 至る所に商品を**チン**列する。（　）
□ 8 ゲリラ部隊を武力で**チン**圧する。（　）
□ 9 一家の浮**チン**にかかわる一大事だ。（　）
（**ア** 鎮　**イ** 賃　**ウ** 陳　**エ** 沈　**オ** 珍）

□ 10 限界まで**ジョウ**歩する。（　）
□ 11 **ジョウ**漫な講演に眠気を催す。（　）
□ 12 倉庫の戸に**ジョウ**前が付いている。（　）
（**ア** 錠　**イ** 譲　**ウ** 丈　**エ** 冗　**オ** 嬢）

□ 13 時間がなくなり**ショウ**燥する。（　）
□ 14 文壇の巨**ショウ**が最新作を発表した。（　）
□ 15 実権を**ショウ**握する。（　）
（**ア** 衝　**イ** 掌　**ウ** 鐘　**エ** 焦　**オ** 匠）

□ 16 すべての人の権利を**ヨウ**護する。（　）
□ 17 抑**ヨウ**をつけて発声する。（　）
□ 18 事実がわかって動**ヨウ**する。（　）
（**ア** 擁　**イ** 揺　**ウ** 陽　**エ** 謡　**オ** 揚）

□ 19 客層は若者が八割を**シ**めた。（　）
□ 20 **シ**いて問題をあげれば予算が少ない。（　）
□ 21 よく身が**シ**まった魚。（　）
（**ア** 強　**イ** 閉　**ウ** 占　**エ** 絞　**オ** 締）

部首

◆次の漢字の**部首**を**ア〜エ**から一つ選び、**記号**を記せ。

解答➡別冊P.10

合格点	得点
14/19	/19

□ 1 窒（ア 宀　イ 穴　ウ 至　エ 土）（　）

□ 2 暫（ア 車　イ ノ　ウ 斤　エ 日）（　）

□ 3 膨（ア 月　イ 士　ウ 豆　エ 彡）（　）

□ 4 赴（ア 土　イ 𤴔　ウ 走　エ ト）（　）

□ 5 遭（ア 一　イ 曰　ウ 丶　エ ⻌）（　）

□ 6 顧（ア 戸　イ 尸　ウ 隹　エ 頁）（　）

□ 7 髄（ア 骨　イ ノ　ウ 月　エ ⻌）（　）

□ 8 卑（ア ノ　イ 白　ウ 田　エ 十）（　）

□ 9 尿（ア 厂　イ 尸　ウ 口　エ 水）（　）

□ 10 藩（ア 艹　イ 氵　ウ 米　エ 番）（　）

□ 11 励（ア 一　イ 厂　ウ 万　エ 力）（　）

□ 12 郭（ア 亠　イ 口　ウ 子　エ 阝）（　）

□ 13 厘（ア 厂　イ ノ　ウ 田　エ 里）（　）

□ 14 閲（ア 儿　イ ハ　ウ 門　エ 口）（　）

□ 15 宴（ア 丶　イ 宀　ウ 日　エ 女）（　）

□ 16 廊（ア 厂　イ 广　ウ 艮　エ 阝）（　）

□ 17 戯（ア 厂　イ 七　ウ 业　エ 戈）（　）

□ 18 某（ア 一　イ 甘　ウ 十　エ 木）（　）

□ 19 畜（ア 亠　イ 幺　ウ 玄　エ 田）（　）

対義語・類義語

◆後の□内のひらがなを漢字に直して（　）に入れ、**対義語**・**類義語**を作れ。□内のひらがなは一度だけ使い、（　）に**一字記入**せよ。

解答➡別冊P.11

合格点	得点
17/24	/24

対義語

□ 1 非難—賞（　）

□ 2 創造—（　）倣

□ 3 正統—（　）端

□ 4 保守—（　）新

□ 5 地獄—（　）楽

類義語

□ 6 鼓舞—（　）励

□ 7 廉価—安（　）

□ 8 精励—勤（　）

□ 9 熱狂—興（　）

□ 10 怠慢—（　）着

い・おう・かく・げき・ごく・さん・ね・ふん・べん・も

対義語

□ 11 穏和—粗（　）

□ 12 辛勝—惜（　）

□ 13 豪華—質（　）

□ 14 膨張—収（　）

□ 15 興隆—（　）退

□ 16 進展—停（　）

□ 17 難解—平（　）

類義語

□ 18 基盤—（　）底

□ 19 克明—丹（　）

□ 20 官吏—（　）人

□ 21 永遠—恒（　）

□ 22 潤沢—豊（　）

□ 23 警護—護（　）

□ 24 排除—除（　）

い・えい・きゅう・きょ・こん・しゅく・すい・そ・たい・ねん・はい・ふ・ぼう・やく

送りがな

◆次の——線のカタカナを**漢字一字**と**送りがな(ひらがな)**に直せ。

解答➡別冊P.11

合格点	得点
17/23	/23

□ 1 どんな経験も芸の**コヤシ**になる。

□ 2 **イサマシイ**格好で祭りに行く。

□ 3 毎日**スコヤカニ**暮らす。

□ 4 海に**ノゾン**だながめのいい部屋。

□ 5 不足した人員を**オギナウ**。

□ 6 科学の進歩が**イチジルシイ**。

□ 7 魚がえさに**ムラガッ**ている。

□ 8 熱いお茶を**サマシ**て飲む。

□ 9 長年住んだ町に別れを**ツゲル**。

□ 10 荒れ地を**タガヤシ**て畑にする。

□ 11 強敵をついに**マカシ**た。

□ 12 最高峰への登頂を**ココロミル**。

□ 13 安全な所に部隊を**ヒキイル**。

□ 14 彼女は**キヨラカナ**心を持っている。

□ 15 **ムラシ**たタオルで顔をふく。

□ 16 **アツカマシイ**望みだと笑われた。

□ 17 仕事を部下に**マカセル**。

□ 18 過ちを認めて**アヤマッ**た。

□ 19 受賞者として名を**ツラネル**。

□ 20 父の言いつけに**サカラウ**。

□ 21 友人に大切な品を**アズケル**。

□ 22 **ニクラシイ**と思う気持ちがわく。

□ 23 季節のあいさつを**カカサ**ない人だ。

四字熟語

◆文中の**四字熟語**の――線の**カタカナ**を漢字に直し、**二字**記入せよ。

解答➡別冊 P.11

合格点	得点
17/23	/23

□ 1 露店の売り物は**ギョクセキ混交**だ。（　）

□ 2 兄の気分は**千変バンカ**する。（　）

□ 3 一つのうそが**ギシン暗鬼**を生む。（　）

□ 4 **行雲リュウスイ**の日日を送る。（　）

□ 5 民宿で客と**炉辺ダンワ**を交わす。（　）

□ 6 アルバイト優先では**ホンマツ転倒**だ。（　）

□ 7 注意をしても**馬耳トウフウ**だ。（　）

□ 8 **難攻フラク**の城を攻撃する。（　）

□ 9 初めて会って**意気トウゴウ**する。（　）

□ 10 **意味シンチョウ**な発言をする。（　）

□ 11 手柄を**得意マンメン**で言い触らす。（　）

□ 12 **ヨウシ端麗**だと評判の人に会う。（　）

□ 13 **奇想テンガイ**な方法を思いつく。（　）

□ 14 **変幻ジザイ**の活躍をする。（　）

□ 15 **コック勉励**した努力が実を結ぶ。（　）

□ 16 **ココン無双**の怪力と言われる。（　）

□ 17 **タントウ直入**に尋ねる。（　）

□ 18 まさに**キキ一髪**の状態だ。（　）

□ 19 彼の**ドクダン専行**は目に余る。（　）

□ 20 **ヘイシン低頭**して父に借金を頼んだ。（　）

□ 21 弟の寝坊は**日常サハン**だ。（　）

□ 22 テストの結果に**イッキ一憂**しない。（　）

□ 23 **シュシャ選択**して句集を編む。（　）

誤字訂正

◆次の各文にまちがって使われている**同じ読みの漢字**が**一字**ある。**上の（　）に誤字を**、**下の［　］に正しい漢字**を記せ。

解答➡別冊P.12

合格点	得点
10/14	/14

□ 1 結婚式は延滑に進行し、新郎新婦に参列者から盛大な拍手が送られた。（　）［　］

□ 2 宿の主人の俳慮が気持ちよく行き届き、家庭のように安らげる旅館に泊まった。（　）［　］

□ 3 事業範囲に関する基制が大幅に緩和されて、市場では競争の勢いが増した。（　）［　］

□ 4 砂を多く含む土地は液状になる現証を起こしやすいと言われている。（　）［　］

□ 5 大規模な駅伝大会が開裁され、沿道は応援に駆けつけた人でいっぱいになった。（　）［　］

□ 6 熟連した技を持つ職人が黙々と仕事をすることで伝統工芸品が完成する。（　）［　］

□ 7 社内で以前から研究していた新技術を用いた商品の販売戦略企格を公表した。（　）［　］

□ 8 多種多様な器能を全部使いこなすのは相当精通した人でないと無理だ。（　）［　］

□ 9 放送文化を更上させるためにはテレビ番組の質を高めることが肝要だ。（　）［　］

□ 10 地域の住民が安心して集うことができる建物を市役所が無料で定供する。（　）［　］

□ 11 新しくおこした会社を経映し維持するのは時として予想以上の困難がある。（　）［　］

□ 12 気温が高いので飲みものを補吸して体調に気を配らないと生命に関わる。（　）［　］

□ 13 聞きしに勝る美しく雄大な形観に思わず絶句してしまった。（　）［　］

□ 14 予定よりも早めに到着した私にホテルの支配人は周辺の散作を勧めた。（　）［　］

模《も》擬《ぎ》試験①

解答➡
別冊 P.13

制限時間
60分
合格点
140/200
得点
/200

1

次の——線の**漢字の読み**を**ひらがな**で記せ。

各1点　/30

1 病院の廊下を静かに歩く。（　　）
2 変な邪推はやめたほうがいい。（　　）
3 確認が取れず掲載を見送る。（　　）
4 路面が凍結して危ない。（　　）
5 新会社への協力を快諾する。（　　）
6 湿原に咲くミズバショウ。（　　）
7 会議の模様を克明に伝える。（　　）
8 険阻な山地を歩く。（　　）
9 月に一回会議を開催する。（　　）
10 水が漏れないよう密封する。（　　）
11 新事業のための資金は潤沢だ。（　　）
12 相手の顔を凝視する。（　　）

2

次の——線の**カタカナ**にあてはまる漢字をそれぞれの**ア〜オ**から**一つ**選び、**記号**を記せ。

各2点　/30

1 古くなった**ジョウ**前を変える。（　　）
2 その件だけは**ジョウ**歩できない。（　　）
3 場を和らげる**ジョウ**談を言う。（　　）
（**ア** 乗　**イ** 冗　**ウ** 丈　**エ** 錠　**オ** 譲）

4 ドスンという**ショウ**撃音が響いた。（　　）
5 王が権力を**ショウ**握する。（　　）
6 電車の遅延に**ショウ**慮する。（　　）
（**ア** 晶　**イ** 焦　**ウ** 掌　**エ** 衝　**オ** 匠）

7 衛星の**キ**跡をモニターで見る。（　　）
8 プロの**キ**士の対局を見る。（　　）
9 **キ**存の方法では対応できない。（　　）
（**ア** 棋　**イ** 軌　**ウ** 忌　**エ** 既　**オ** 棄）

13 作りが粗悪で使えない。（　）
14 ドラマを見て気分が高揚した。（　）
15 見えない敵の幻影におびえる。（　）
16 けがで縫合した跡が消えない。（　）
17 米やこうじを発酵させて酒を作る。（　）
18 やっと運転免許を取得した。（　）
19 何とか破滅を回避する。（　）
20 かゆいところに薬を塗布する。（　）
21 姉は近くの町に嫁いでいる。（　）
22 適当にその場を繕う。（　）
23 打者の粘りがヒットにつながる。（　）
24 深く潜って泳ぐ。（　）
25 敵陣を崩して攻め込む。（　）
26 いい陽気に誘われて外出する。（　）
27 気が紛れるような本を探す。（　）
28 この企てには部下が多数関わった。（　）
29 仕事が滞って締め切りに遅れる。（　）
30 この悲しみに胸が張り裂けそうだ。（　）

10 宇宙は**ボウ**張しているらしい。（　）
11 ビタミンの欠**ボウ**を補う。（　）
12 冬山に軽装で登るのは無**ボウ**だ。（　）
（**ア** 謀　**イ** 膨　**ウ** 妨　**エ** 房　**オ** 乏）

13 今は本当の事を**フ**せておく。（　）
14 二人の証言は**フ**合していた。（　）
15 火山から溶岩が**フ**き出してきた。（　）
（**ア** 符　**イ** 振　**ウ** 噴　**エ** 伏　**オ** 殖）

3

1～5の三つの□に**共通する漢字**を入れて熟語を作れ。漢字は**ア～コ**から**一つ**選び、**記号**を記せ。

各2点　／10

1 □越・円□・教□（　）
2 受□・許□・□否（　）
3 円□・□走・□車（　）
4 □芸・□酔・□器（　）
5 □収・沈□・□落（　）

ア 陶	**イ** 没	**ウ** 優	**エ** 諾	**オ** 憶
カ 園	**キ** 卓	**ク** 滑	**ケ** 熟	**コ** 鮮

4

熟語の構成のしかたには次のようなものがある。

各2点　／20

ア	同じような意味の漢字を重ねたもの…………（岩石）
イ	反対または対応の意味を表す字を重ねたもの……（高低）
ウ	上の字が下の字を修飾しているもの…………（洋画）
エ	下の字が上の字の目的語・補語になっているもの…（着席）
オ	上の字が下の字の意味を打ち消しているもの……（非常）

次の熟語は右の**ア〜オ**のどれにあたるか、**一つ**選び、**記号**を記せ。

1 催眠（　　）
2 暫定（　　）
3 賢愚（　　）
4 未完（　　）
5 傍聴（　　）
6 尊卑（　　）
7 未遂（　　）
8 娯楽（　　）
9 犠牲（　　）
10 隔離（　　）

6

後の□内のひらがなを漢字に直して（　）に入れ、**対義語・類義語**を作れ。□内のひらがなは一度だけ使い、（　）に**一字記入**せよ。

各2点　／20

対義語

1 虚像―（　　）像
2 抑制―促（　　）
3 具体―抽（　　）
4 模倣―（　　）創
5 違反―遵（　　）

類義語

6 音信―消（　　）
7 敢闘―（　　）戦
8 回顧―（　　）憶
9 鼓舞―（　　）励
10 債務―（　　）債

5 次の漢字の部首をア～エから一つ選び、記号を記せ。

各1点　／10

1 彫（ア 冂　イ 土　ウ 口　エ 彡）（　　）

2 企（ア ノ　イ 𠆢　ウ 丨　エ 止）（　　）

3 帝（ア 亠　イ 立　ウ 冖　エ 巾）（　　）

4 冠（ア 冖　イ 二　ウ 儿　エ 寸）（　　）

5 虐（ア 虍　イ ト　ウ 广　エ 匚）（　　）

6 殴（ア 匚　イ 几　ウ 又　エ 殳）（　　）

7 逮（ア 辶　イ 十　ウ 隶　エ 氺）（　　）

8 衰（ア 亠　イ 口　ウ 一　エ 衣）（　　）

9 卓（ア 日　イ 一　ウ 丨　エ 十）（　　）

10 魔（ア 广　イ 麻　ウ 鬼　エ 厶）（　　）

げき・じつ・しゅ・しょう・しん・そく・つい・どく・ふ・ふん

7 次の——線のカタカナを漢字一字と送りがな（ひらがな）に直せ。

各2点　／10

例 ボールを**ナゲル**。（投げる）

1 部屋に机といすを**ソナエル**。（　　）

2 自分の選択を**クイル**。（　　）

3 評判の品に人が**ムラガル**。（　　）

4 **オゴソカナ**雰囲気が漂う寺院。（　　）

5 **ヤサシイ**問題で基礎力をみる。（　　）

8 文中の**四字熟語**の――線の**カタカナ**を**漢字**に直し、**二字記入**せよ。

各2点　／20

1 **セイサツ与奪**の権を握る。（　　）

2 **空前ゼツゴ**の大事件が起こる。（　　）

3 **ビジ麗句**を連ねておだてる。（　　）

4 **ヒガン達成**のために努力する。（　　）

5 **晴耕ウドク**の毎日を送る。（　　）

6 ここから**シンキ一転**やり直す。（　　）

7 **漫言ホウゴ**に取り合わない。（　　）

8 彼は**清廉ケッパク**である。（　　）

9 最善を目指して**シコウ錯誤**する。（　　）

10 **前途ユウボウ**な少女たちだ。（　　）

10 次の――線の**カタカナ**を**漢字**に直せ。

各2点　／40

1 **キンチョウ**して手が震える。（　　）

2 **ゴクヒ**だった情報が公開される。（　　）

3 寺の周辺を**サンサク**する。（　　）

4 国の王として**クンリン**する。（　　）

5 部員の**テンコ**を取る。（　　）

6 四番打者を**ケイエン**する。（　　）

7 自分の考えを**リキセツ**する。（　　）

8 **カンショウ**的になって泣き出す。（　　）

9 結論に至る**カテイ**が大切だ。（　　）

9 次の各文にまちがって使われている**同じ読みの漢字**が**一字**ある。
上の( )に誤字を、
下の[ ]に正しい漢字を記せ。

各2点 /10

1 環境保全のため、国をあげて二酸化炭素の排出量の削源に取り組む。( )[ ]

2 世界的に不況が辛刻になり、この先を見通すことが困難な情勢になっている。( )[ ]

3 出張で遠出したついでに、一泊して地元を観行してから帰途についた。( )[ ]

4 樹木の度重なる伐裁で地中に蓄えられない水が一直線に山の斜面を流れる。( )[ ]

5 首相などの身辺携護を務める職業では、鋭敏であることが要求される。( )[ ]

---

10 式場に**ハナヨメ**が入場する。( )

11 とんだ**シロモノ**を買わされた。( )

12 **ブタニク**と野菜を強火でいためる。( )

13 野球は**スジガ**きのないドラマだ。( )

14 何が起きていたのか**オ**し量る。( )

15 言葉とは**ウラハラ**にふるまう。( )

16 彼は絵画に関し目が**コ**えている。( )

17 巨万の**トミ**を手に入れる。( )

18 国王から記念のメダルを**サズ**かる。( )

19 **カブカ**の値動きを常に見ている。( )

20 相手の発言を**サカテ**にとる。( )

模《も》擬《ぎ》試験 ②

解答➡別冊P.15

制限時間 60分

合格点 140/200

得点 /200

1

次の――線の**漢字の読み**を**ひらがな**で記せ。

各1点 /30

1 来年の予算を申請する。
2 資料を閲覧して調べものをする。
3 粗相のないように気をつける。
4 ホームズは架空の人物だ。
5 地下資源の埋蔵量を調べる。
6 友好的な関係が決裂した。
7 上手に連携して成功を目指そう。
8 協力の申し込みを快諾する。
9 努力してよい待遇を得る。
10 惜敗したのは痛恨の極みだ。
11 商品を店内に陳列する。
12 その卓越した能力を役立てよう。

2

次の――線の**カタカナ**にあてはまる漢字をそれぞれの**ア～オ**から**一つ**選び、**記号**を記せ。

各2点 /30

1 無実の罪で**ケイ**罰を科せられる。
2 行動を改める**ケイ**機となる。
3 彼の考えに大いに**ケイ**発された。

（**ア** 契　**イ** 携　**ウ** 刑　**エ** 掲　**オ** 啓）

4 バラの**ホウ**香をかぐ。
5 土砂による家屋の**ホウ**壊を防ぐ。
6 常に**ホウ**仕の精神を忘れない。

（**ア** 崩　**イ** 縫　**ウ** 奉　**エ** 芳　**オ** 邦）

7 肉体を**タン**錬する。
8 **タン**物から着物を仕立てる。
9 大**タン**に改革を断行する。

（**ア** 嘆　**イ** 反　**ウ** 淡　**エ** 胆　**オ** 鍛）

13 伝統文化の衰退について学ぶ。（　）
14 人事異動で役員に昇進した。（　）
15 匿名でアンケートに答える。（　）
16 試験の結果に焦燥する。（　）
17 会社の内紛を新聞が報じる。（　）
18 必要な箇所を抜粋して複写する。（　）
19 墳墓の地を去る。（　）
20 力を合わせて難事業を完遂する。（　）
21 スケート選手の美しい滑りを見る。（　）
22 彼はすぐに現地調査に赴いた。（　）
23 平素の訓練を怠らない事が大切だ。（　）
24 大地も凍るような寒い夜。（　）
25 己の損を顧みず人に尽くす。（　）
26 回答の提示を促された。（　）
27 劇団を旗揚げする。（　）
28 映画は哀れを誘う内容だった。（　）
29 毎朝歩くことが生活の潤いだ。（　）
30 三年ぶりに新車の発表会を催した。（　）

10 強い敵に果**カン**に立ち向かう。（　）
11 早起きだけは**カン**弁して欲しい。（　）
12 何事も継続することが**カン**要だ。（　）
（**ア** 喚　**イ** 勘　**ウ** 敢　**エ** 緩　**オ** 肝）

13 豚肉と野菜の**タ**き合わせを食べる。（　）
14 苦しい状況を乗り越えようと**タ**えた。（　）
15 ゆかたを仕立てるために生地を**タ**った。（　）
（**ア** 炊　**イ** 耐　**ウ** 裁　**エ** 垂　**オ** 絶）

3 1～5の三つの□に**共通する漢字**を入れて熟語を作れ。漢字は**ア～コ**から**一つ**選び、**記号**を記せ。

各2点　／10

1 □亡・幻□・隠□（　）
2 □除・放□・減□（　）
3 延□・停□・□納（　）
4 征□・□採・間□（　）
5 □願・□惜・□歓（　）

ア 期	**イ** 哀	**ウ** 伐	**エ** 逃	**オ** 圧
カ 免	**キ** 排	**ク** 祈	**ケ** 滅	**コ** 滞

4

熟語の構成のしかたには次のようなものがある。

各2点 ／20

ア 同じような意味の漢字を重ねたもの……………（岩石）
イ 反対または対応の意味を表す字を重ねたもの……（高低）
ウ 上の字が下の字を修飾しているもの……………（洋画）
エ 下の字が上の字の目的語・補語になっているもの…（着席）
オ 上の字が下の字の意味を打ち消しているもの……（非常）

次の熟語は右の**ア～オ**のどれにあたるか、**一つ**選び、**記号**を記せ。

1 愛憎（　）
2 締結（　）
3 変換（　）
4 硬球（　）
5 排他（　）
6 緩慢（　）
7 粗食（　）
8 惜春（　）
9 欠乏（　）
10 虚実（　）

6

後の□内のひらがなを漢字に直して（　）に入れ、**対義語・類義語**を作れ。□内のひらがなは一度だけ使い、（　）に**一字記入**せよ。

各2点 ／20

対義語

1 詳細―概（　）
2 承諾―（　）退
3 軽率―慎（　）
4 虐待―愛（　）
5 釈放―拘（　）

類義語

6 高低―起（　）
7 閉口―（　）惑
8 正邪―是（　）
9 廉価―安（　）
10 手柄―功（　）

5 次の漢字の部首を**ア〜エ**から**一つ**選び、**記号**を記せ。

各1点　／10

1 励（**ア** 一　**イ** ノ　**ウ** 厂　**エ** 力）（　）

2 辛（**ア** 亠　**イ** 立　**ウ** 十　**エ** 辛）（　）

3 吏（**ア** 一　**イ** 口　**ウ** ノ　**エ** 人）（　）

4 墨（**ア** 里　**イ** 灬　**ウ** 黒　**エ** 土）（　）

5 翻（**ア** 釆　**イ** 米　**ウ** 田　**エ** 羽）（　）

6 遵（**ア** 西　**イ** 酉　**ウ** 寸　**エ** 辶）（　）

7 癖（**ア** 疒　**イ** 尸　**ウ** 口　**エ** 辛）（　）

8 街（**ア** 彳　**イ** 土　**ウ** 二　**エ** 行）（　）

9 匠（**ア** 一　**イ** 匚　**ウ** ノ　**エ** 斤）（　）

10 慕（**ア** 艹　**イ** 日　**ウ** 大　**エ** 㣺）（　）

ご・こん・じ・せき・そく・ちょう・ね・ひ・ふく・りゃく

7 次の——線の**カタカナ**を**漢字一字**と**送りがな（ひらがな）**に直せ。

各2点　／10

例 ボールを**ナゲル**。（投げる）

1 背筋を**ソラス**歩き方をする。（　）

2 **イサマシイ**顔つきで敵と戦う。（　）

3 海に**ノゾン**だ旅館に泊まる。（　）

4 古い新聞紙をひもで**ユワエル**。（　）

5 部屋を**チラカサ**ないように遊ぶ。（　）

7日目

8 文中の**四字熟語**の――線の**カタカナ**を**漢字**に直し、**二字記入**せよ。

各2点　／20

1 店は**千客バンライ**で大忙しだ。（　　）

2 兄の忘れ物は**日常サハン**である。（　　）

3 彼女の説明は**ガデン引水**だ。（　　）

4 **ジュンプウ満帆**の人生を歩む。（　　）

5 **活殺ジザイ**に人を操る。（　　）

6 株価の動きに**イッキ一憂**する。（　　）

7 悪意で**リュウゲン飛語**を広める。（　　）

8 **シンザン幽谷**で修業する。（　　）

9 今や**孤城ラクジツ**の思いである。（　　）

10 **異体ドウシン**のような夫婦。（　　）

10 次の――線の**カタカナ**を**漢字**に直せ。

各2点　／40

1 思わず**キョウチュウ**を打ち明けた。（　　）

2 個展に向けて**ソウサク**に励む。（　　）

3 **ゲンミツ**には二つは同じではない。（　　）

4 海の**カイブツ**の伝説を調べる。（　　）

5 前かがみの**シセイ**で歩く。（　　）

6 故郷の**カンシュウ**に従う。（　　）

7 優勝**コウホ**として期待される。（　　）

8 明治の**テンケイ**的な建物を見る。（　　）

9 緊急の事態に**タイショ**する。（　　）

9 次の各文にまちがって使われている**同じ読みの漢字**が**一字**ある。**上の( )に誤字**を、**下の[ ]に正しい漢字**を記せ。

各2点　／10

1 年金問題は若い人の将来に暗い影を落とし大きな負短を強いている。（　）［　］

2 不安定な個用形態で働く若者が増えており、賃金格差が広がっている。（　）［　］

3 熱帯地方で起きた病の原因は未知のウイルスによる感潜だと疑われている。（　）［　］

4 周辺が開発され地価が上がったことで工場の予定地は異転を余儀なくされた。（　）［　］

5 状況の急激な悪化に応じて一時的な措致を講じたが失敗に終わった。（　）［　］

---

10 彼は**メイロウ**で優しい青年です。（　）

11 春には**イタ**る所で木木が芽吹く。（　）

12 長年かかって小説を**アラワ**した。（　）

13 **ユエ**あって会に参加する。（　）

14 駅の近くに事務所を**モウ**ける。（　）

15 **デマド**の観葉植物に水をやる。（　）

16 多くの人が公園に**ツド**う。（　）

17 **モヨ**りの駅まで歩いて行く。（　）

18 苦労の末、**イタダキ**に達する。（　）

19 ここは起伏に**ト**んだ土地だ。（　）

20 初公開された仏像を**オガ**む。（　）

7日間完成！　漢検３級
書き込み式　直前対策ドリル［三訂版］

初版発行　2022年5月14日
重版発行　2024年
編　　者　株式会社　旺文社
発 行 者　粂川秀樹

発 行 所　株式会社　旺文社
〒162-8680　東京都新宿区横寺町55

印 刷 所　大日本印刷株式会社
製 本 所　大日本印刷株式会社

S4h085
ISBN978-4-01-092467-9

旺文社 お客様総合案内
●内容に関するお問い合わせは、弊社ホームページの「お問い合わせ」フォームにて承ります。
【WEB】旺文社 お問い合わせフォーム　https://www.obunsha.co.jp/support/contact
●乱丁・落丁など製造不良品の交換・ご注文につきましては下記にて承ります。
【電話】0120-326-615（土・日・祝日を除く10：00～16：00）

PP